ESTE LIBRO PERTENECE A ESTE GUARDIÁN DE LA TIERRA:

TODOS LOS DÍAS SON
EL DÍA DE LA TIERRA

LA TIERRA NACIÓ COMO UN LUGAR INHÓSPITO DONDE POCO A POCO SE FUE DESARROLLANDO LA VIDA Y SE FUERON CREANDO ESPECIES MARAVILLOSAS Y PAISAJES FASCINANTES.

TODAVÍA QUEDA MUCHA NATURALEZA Y VIDA EN EL PLANETA, PERO LOS PRONÓSTICOS SON PREOCUPANTES. VAMOS ENCAMINA-DOS HACIA UNA TIERRA DESAPACIBLE...

LOS SERES HUMANOS EN TODO EL MUNDO HEMOS ADOPTADO CONDUCTAS QUE PERJUDICAN A NUESTRO PLANETA.

LOS NIÑOS SOIS EL FUTURO Y LA TIERRA OS NECESITA PARA QUE LA PROTEJÁIS, CAMBIANDO ALGUNAS DE VUESTRAS COSTUMBRES E INFORMANDO A VUESTRAS FAMILIAS, PROFESORES Y TODAS LAS PERSONAS QUE CONOZCÁIS DE CÓMO PUEDEN TAMBIÉN ELLOS ACTUAR PARA QUE NUESTRO INCREIBLE PLANETA DEJE DE SUFRIR Y TODOS PODAMOS VIVIR MUCHOS, MUCHOS AÑOS EN ÉL.

¡VAMOS A VER CÓMO LOS GUARDIANES DE LA TIERRA PUEDEN AYUDARLA!

USA TU IMAGINACIÓN Y ¡RECICLA!
LUCÍA Y TOMÁS SON
GUARDIANES DE LA TIERRA
¿SABÍAS QUE PUEDES CONSTRUIR UN AVIÓN DE JUGUETE CON UNAS CAJAS? ¿CONVERTIR UN CALCETÍN VIEJO EN UNA MARIONETA O TRANSFORMAR UN BOTE DE CHAMPÚ EN UNA MACETA?

¡UTILIZA TU PODEROSA IMAGINACIÓN PARA DAR UNA NUEVA A VIDA A AQUELLO QUE YA NO USAS!

CUANDO UN PRODUCTO CUMPLE SU PRIMER CICLO DE USO NO SIGNIFICA QUE YA TENGAS QUE TIRARLO A LA BASURA ¡AL CONTRARIO! PUEDE SER LA OPORTUNIDAD PERFECTA PARA REUTILIZARLO EN ESA MISMA FUNCIÓN O EN OTRA. ESTO VALE TANTO PARA MATERIALES COMO PARA LOS JUGUETES O LA ROPA, POR EJEMPLO

PARA FABRICAR UNA TONELADA DE PAPEL ES NECESARIO TALAR ¡ENTRE 10 Y 15 ÁRBOLES! Y USAR UNA GRAN CANTIDAD DE AGUA. AL RECICLAR EL PAPEL, PROTEGES A LOS ÁRBOLES, AHORRAS ENERGÍA Y AGUA. USA EL PAPEL POR LAS DOS CARAS Y NO LO MALGASTES. ¡ES MUY VALIOSO!

SI RECICLAS AHORRARÁS MUCHOS RECURSOS NATURALES Y CONSERVARÁS, ENTRE OTRAS COSAS, NUESTROS BOSQUES, LOS LLAMADOS PULMONES DEL PLANETA, FUNDAMENTAL PARA TENER EL AIRE LIMPIO

¡GRACIAS!

MANTÉN LOS OCÉANOS LIMPIOS

LA CONTAMINACIÓN ACABA CON EL ECOSISTEMA MARINO, QUE ES MUY DELICADO Y QUE PERMITE QUE PECES Y PLANTAS PUEDAN VIVIR Y DESARROLLARSE. ESTO ES VITAL PARA LA CONSERVACIÓN DE NUESTRO PLANETA

¿HAS VISTO VÍDEOS O FOTOS DE TORTUGAS ENREDADAS EN PLÁSTICO, GAVIOTAS CON TAPAS EN EL ESTÓMAGO, CANGREJOS Y PECES LASTIMADOS CON ALUMINIO? ¡TÚ PUEDES AYUDAR A EVITARLO RECOGIENDO LA BASURA QUE VEAS EN LA PLAYA!

¿SABÍAS QUE ESE IMPORTANTE GESTO DE RECOGER BASURA SE CONTAGIA? AL HACERLO ESTÁS DANDO EJEMPLO ¡Y ES PROBABLE QUE ALGUIEN A TU ALREDEDOR SE PONGA A LIMPIAR TAMBIÉN! ¡VAMOS A CAMBIAR EL MUNDO!

¡GRACIAS!

ESA BASURA NO SÓLO AFECTA A LOS ANIMALES. ELLOS SE LA COMEN Y AL LLEGAR A NUESTRO PLATO… NOSOTROS TAMBIÉN NOS LA COMEMOS. MUCHA DE NUESTRA COMIDA ESTÁ YA CONTAMINADA DE MICRO-PLÁSTICO ¡Y NO QUEREMOS COMER PLÁSTICO! ¿A QUE NO?

USA BOLSAS BIODEGRADABLES

LAS BOLSAS BIODEGRADABLES ESTÁN HECHAS CON MATERIALES QUE, AL DESECHARSE, COMIENZAN A DESCOMPONERSE POR LA ACCIÓN DE LOS MICROORGANISMOS. SE CONVIERTEN EN MATERIA ORGÁNICA, DIÓXIDO DE CARBONO, AGUA Y OTRAS SUSTANCIAS QUE PUEDEN SER REUTILIZADAS EN LA NATURALEZA
LLEVA SIEMPRE BOLSAS REUTILIZABLES Y ANIMA A TODA TU FAMILIA A USARLAS ¡LA TIERRA TE LO AGRADECERÁ!
LAS BOLSAS HECHAS CON MATERIALES BIODEGRADABLES Y RECICLABLES PUEDEN REEMPLAZAR, POR SU TAMAÑO, A UNAS 4 BOLSAS DE SUPERMERCADO Y SU DURACIÓN (UNOS 2 AÑOS) EQUIVALEN A 600 BOLSAS DE PLÁSTICO COMUNES
LAS BOLSAS DE PLÁSTICO TARDAN UNOS ¡400 AÑOS! EN DEGRADARSE Y DERIVAN DEL PETRÓLEO, UN RECURSO NATURAL NO RENOVABLE
¡GRACIAS!

SEPARA LA BASURA Y RECICLA

HAY PRODUCTOS MUY TÓXICOS COMO LAS PILAS O LOS ELECTRODOMÉSTICOS QUE TIENEN QUE LLEVARSE A PUNTOS ESPECÍFICOS DE RECOGIDA

MUCHAS CAJAS DE ZAPATOS SE HACEN CON TETRABRIKS, UNA LLANTA DE NEUMÁTICO SE PUEDE FABRICAR CON LAS LATAS DE REFRESCO QUE GUARDAS EN TU NEVERA Y ESE FORRO POLAR QUE TANTO TE ABRIGA TIENE SU ORIGEN EN LAS BOTELLAS DE PLÁSTICO *PET*

SEPARAR LA BASURA ES FÁCIL Y HACIÉNDOLO CONSIGUES CREAR NUEVOS PRODUCTOS A PARTIR DE LOS RESIDUOS QUE TIRAS, AYUDANDO A REDUCIR EL CONSUMO Y A CREAR MENOS RESIDUOS. ¡UN CÍRCULO VICIOSO MUUUY POSITIVO!

RECICLANDO CONSIGUES ALGO MUY IMPORTANTE: LA REDUCCIÓN DE GASES DE EFECTO INVERNADERO QUE PROVOCA LA SUBIDA DE LAS TEMPERATURAS, EL DESHIELO DE LOS POLOS, LA DESERTIFICACIÓN, INCENDIOS, TORMENTAS E INUNDACIONES

MUÉVETE EN BICI
NO CONTAMINA, NO EMITE GASES DE EFECTO INVERNADERO, SÓLO CONSUME TU ENERGÍA, OCUPA POCO ESPACIO Y NO HACE RUIDO
ÁLVARO Y ANA SON GUARDIANES DE LA TIERRA
UN COCHE MENOS

POR CADA KILÓMETRO QUE RECORRES EN BICICLETA EN LUGAR DE IR EN COCHE, EVITAS LA EMISIÓN DE APROXIMADAMENTE 300 GRAMOS DE DIÓXIDO DE CARBONO

SE PUEDEN ALMACENAR HASTA DOCE BICICLETAS EN UN LUGAR DE ESTACIONAMIENTO RESERVADO PARA UN SÓLO COCHE

SU FABRICACIÓN DEJA MUCHA MENOS HUELLA AMBIENTAL QUE LA DE UN COCHE. Y EL PASO DE BICICLETAS SOBRE EL ASFALTO TAMBIÉN DESGASTA MUCHO MENOS LAS CARRETERAS QUE LOS COCHES

EL AIRE CONTAMINADO AFECTA GRAVEMENTE A NUESTRA SALUD CREANDO PROBLEMAS RESPIRATORIOS O DE CORAZÓN. MOVERTE EN BICI ES EL MEJOR GESTO QUE PUEDES HACER PARA QUE NUESTRO AIRE ESTÉ MÁS LIMPIO. ¡A PEDALEAR!

¡GRACIAS!

USA ENERGÍAS RENOVABLES

SON ENERGÍAS PROCE-DENTES DE FUENTES NATU-RALES Y CASI INAGOTABLES, BIEN POR LA CANTIDAD DE ENERGÍA QUE CONTIENEN O BIEN POR SU CAPACIDAD PARA REGENERARSE DE FORMA NATURAL

ENERGÍA MAREOMOTRIZ (MAREAS)
ENERGÍA GEOTÉRMICA (CALOR DE LA TIERRA)
ENERGÍA HIDRÁULICA (EMBALSES)
ENERGÍA EÓLICA (VIENTO)
ENERGÍA SOLAR (SOL)
BIOMASA (MATERIA ORGÁNICA)

INFORMA A TU FAMILIA, COLEGIO Y COMUNIDAD SOBRE ESTAS ENERGÍAS ALTERNATIVAS Y ANÍMALES, SIEMPRE QUE SEA POSIBLE, A HACER USO DE ELLAS Y A APOYAR SU DESARROLLO

EN CUALQUIER PARTE DEL PLANETA HAY ALGÚN TIPO DE RECURSO RENOVABLE (VIENTO, SOL, AGUA...) QUE PUEDE SER APROVECHADO PARA PRODUCIR ENERGÍA DE FORMA SOSTENIBLE

PLANTA UN ÁRBOL

ALBERTO Y EVA SON
GUARDIANES DE LA TIERRA

ES UNA DE LAS ACCIONES MÁS IMPORTANTES QUE PUEDES HACER PARA FRENAR EL AUMENTO DEL DIÓXIDO DE CARBONO EN LA ATMÓSFERA

LOS ÁRBOLES ABSORBEN LOS GASES CONTAMINANTES (ÓXIDOS DE NITRÓGENO, AMONÍACO, DIÓXIDO DE AZUFRE Y OZONO) Y FILTRAN LAS PARTÍCULAS CONTAMINANTES DEL AIRE, ATRAPÁNDOLAS EN SUS HOJAS Y CORTEZA

LOS ÁRBOLES APORTAN OXÍGENO. EN UN AÑO, 4000 METROS CUADRADOS DE ÁRBOLES ADULTOS PROPORCIONAN OXÍGENO ¡PARA 18 PERSONAS!

SON EXCELENTES HOGARES PARA LOS PÁJAROS, LAS ABEJAS, LAS ZARIGÜEYAS, LAS ARDILLAS... Y PROPORCIONAN ALIMENTO PARA LOS HUMANOS, LOS PÁJAROS Y LA VIDA SILVESTRE

CONSERVAN ENERGÍA: 3 ÁRBOLES COLOCADOS ESTRATÉGICAMENTE ALREDEDOR DEL HOGAR DE UNA FAMILIA PUEDEN DISMINUIR HASTA EN UN 50% LA NECESIDAD DE USAR EL AIRE ACONDICIONADO EN EL VERANO

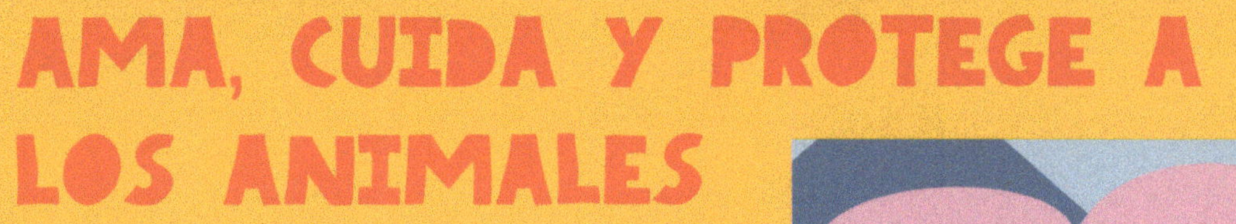

AMA, CUIDA Y PROTEGE A LOS ANIMALES

LAS AVES, POR EJEMPLO, AL BUSCAR ALIMENTO, NO SÓLO ESTÁN CUIDANDO DE SU VIDA, SINO QUE ESTÁN ESPARCIENDO SEMILLAS POR TODO EL BOSQUE, ALGUNAS DE LAS CUALES VAN A GERMINAR Y A NUTRIR ESOS PULMONES NATURALES TAN NECESARIOS

TODOS LOS ANIMALES: LAS PALOMAS, LAS MARIQUITAS, LOS GORRIONES... SON SERES VIVOS QUE MERECEN TU PROTECCIÓN. CUIDARLOS A ELLOS, ES CUIDARTE A TI Y A LA TIERRA

CADA ESPECIE TIENE SU PAPEL EN EL ECOSISTEMA Y APORTA UN GRANITO DE ARENA INSUSTITUIBLE EN EL MUNDO. LA UNIÓN DE TODOS ESOS GRANOS O ESPECIES FORMAN UN RESULTADO EXTRAORDINARIO QUE NOS PERMITE VIVIR DE LA MANERA QUE LO HACEMOS

SI QUIERES UNA MASCOTA, ADOPTA, NO COMPRES. SALVAS UNA VIDA, LA DEL ANIMAL QUE ADOPTAS Y LA DEL QUE PUEDE ENTRAR A OCUPAR EL LUGAR EN EL REFUGIO DONDE HAS ADOPTADO ¡TODOS FELICES!

AHORRA AGUA

CIERRA EL GRIFO MIENTRAS TE LAVAS LAS MANOS O LOS DIENTES Y CAMBIA EL BAÑO POR LA DUCHA: DUCHÁNDOTE AHORRAS ¡HASTA 4000 LITROS AL MES!
OLGA Y GABRIEL SON GUARDIANES DE LA TIERRA
¡GRACIAS!

LA FORMA DE CONSEGUIR AGUA POTABLE ES A TRAVÉS DE LA LLUVIA. POR ESO, CUANDO LLUEVE HAY QUE RECOGER TODO EL AGUA POSIBLE, PARA GUARDARLA Y UTILIZARLA CUANDO LA NECESITEMOS. Y COMO NO PODEMOS CONTROLAR CUÁNDO LLUEVE, TENEMOS QUE AHORRAR AGUA
UTILIZA LA PAPELERA COMO BASURA, NO EL RETRETE. Y DILE A TUS PADRES QUE LLENEN LA LAVADORA Y EL LAVAVAJILLAS DEL TODO ANTES DE PONERLOS EN MARCHA. ¡TÚ PUEDES ENSEÑARLES A AHORRAR AGUA!
CUANDO ENCIENDAS EL AGUA DE LA DUCHA, NO LA DESPERDICIES HASTA QUE LLEGA EL AGUA CALIENTE. RECÓGELA ¡Y UTILÍZALA PARA REGAR LAS PLANTAS! Y NO OLVIDES CERRAR SIEMPRE EL GRIFO DEL AGUA EN LA DUCHA MIENTRAS TE ENJABONAS
EL 71% DE LA SUPERFICIE DE LA TIERRA ESTÁ CUBIERTA POR AGUA, PERO SÓLO UN 2% ES AGUA POTABLE (PARA CONSUMO HUMANO), POR ESO ES TAN IMPORTANTE AYUDAR EN LA CONSERVACIÓN DEL AGUA, UN BIEN BÁSICO PARA LA SUPERVIVIENCIA DEL SER HUMANO

ACTIVIDADES PARA HACER EN EL COLE O CON TU FAMILIA

REALIZAR MÁS ACTIVIDADES EN LA NATURALEZA
SALIR JUNTOS AL CAMPO, MAR...
AL ESTAR EN CONTACTO CON LA NATURALEZA LA AMARÉIS AÚN MÁS Y VERÉIS LO IMPORTANTE QUE ES PROTEGERLA

GUARDIANES DE LA TIERRA

VISITAR GRANJAS Y VIVEROS
COMPARTIR TIEMPO CON PLANTAS Y ANIMALES OS HARÁ ACERCÁOS MÁS A ELLOS Y APRENDER A CUIDARLOS Y RESPETARLOS

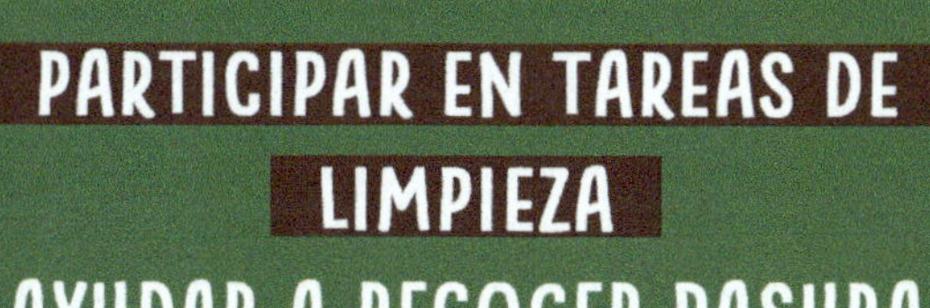

PARTICIPAR EN TAREAS DE LIMPIEZA
AYUDAR A RECOGER BASURA EN BOSQUES, RÍOS O MARES OS HARÁ DAOS CUENTA DEL DAÑO QUE ESOS DESHECHOS HACEN EN LA NATURALEZA

HABLAR SOBRE PROBLEMAS MEDIOAMBIENTALES EN CLASE
DEBATIR SOBRE LOS PROBLEMAS QUE ACECHAN A LA TIERRA E INTENTAR ENCONTRAR SOLUCIONES.
¡JUNTOS PODÉIS CAMBIAR EL MUNDO!

SEPARAR RESIDUOS EN EL COLEGIO
PROPÓN, SI NO LOS TENÉIS YA, QUE PONGAN CUBOS DE BASURA DE DIFERENTES COLORES PARA CADA TIPO DE RESIDUO. ¡ASÍ TODOS JUNTOS APRENDERÉIS A RECICLAR!

¿ERES UN GUARDIÁN O GUARDIANA DE LA TIERRA?

APUNTA TODOS LOS GESTOS ECOLÓGICOS QUE HACES A LO LARGO DEL DÍA, ¡CUÁNTOS MÁS HAGAS, MÁS HACES SONREÍR A LA TIERRA Y MEJOR GUARDIÁN SERÁS!

LA SEMANA DE UN GUARDIÁN DE LA TIERRA

	L	M	X	J	V	S	D
CERRAR EL GRIFO							
CUIDAR ANIMALES							
USAR BOLSA BIODEGRADABLE							
APAGAR LAS LUCES							
DESENCHUFAR LOS APARATOS							
USAR LOS CONTENEDORES							
SEPARAR LA BASURA							
CUIDAR LAS PLANTAS							
COMPARTIR INFORMACIÓN ECO							
RECOGER BASURA PARQUES Y PLAYAS							
REUTILIZAR COSAS VIEJAS							
IR EN BICI O ANDANDO							
NO COMER COMIDA BASURA							

REDUCE
REUTILIZA
RECICLA

www.ingramcontent.com/pod-product-compliance
Lightning Source LLC
LaVergne TN
LVHW071458180726
843512LV00018B/1414